이야기초롱_여덟(특별판)

이야기로 전해 듣는 꽃 이야기

할머니가 들려 주는 꽃 전설

꿈틀

이야기는 독서 경험의 가장 좋은 방법

　내가 어렸을 때의 독서 경험 두 가지는 아직도 내 머릿속에 생생하게 기억되어 있어 지금도 어린이들의 독서교육에 크게 도움이 되고 있다. 물론 그때는 1950년대로 경제적으로도 곤란했던 시기였으므로 독서교육이란 개념도 확립되어 있지 않았을 뿐 아니라, 사회적으로도 독서교육에 관한 관심도 거의 없었을 때였다. 그러나 독서교육이란 말을 쓰지는 않았지만 나는 그때 아주 훌륭한 독서교육을 받았음이 틀림없다고 생각하고 있다.

　그렇게 생각하는 이유 중 하나는 중학생이었던 나의 막내 삼촌이 들려주던 옛날이야기 때문이다. 한여름 밤에 모깃불을 마당에 피우고 극성스러운 모기를 쫓기 위해 부채로 탁 탁 다리를 치며 평상에 앉아서 듣던 이야기며, 모기장 속에서 등불을 끈 채로(모기나 벌레들이 모이는 것을 막기 위해) 무서운 옛날이야기를 가슴 졸이면 듣던 재미가 얼마나 컸는지 모른다.

한겨울, 화롯불을 끼고 앉아 그것도 모자라서 이불을 어깨까지 두르고(방안의 외풍이 너무 세어 몹시 추웠다.) 옛날이야기를 듣고 또 들어 외울 정도가 되어도 얼마나 즐거웠는지 모른다. 때로는 동네 꼬마 친구 몇 명이 모여 앉아 삼촌에게 옛날이야기를 들려달라고 졸랐었다. 지금 생각해 보면 삼촌은 중학생이었지만 그때 우리에게는 얼마나 좋은 이야기 선생이었는지 모른다.

또 하나의 경험은 초등학교 2학년 때의 담임 선생님이 들려주시던 '이야기 그림극'이다. 학교에 들어가기 전 어린이들이나 저학년 어린이들에게 독서 경험을 체험하도록 들려주었던 '이야기 그림극'은 바로 그때 내가 받았던 인상적인 독서 교육의 경험이 기억 속에서 지워지지 않아 그것으로부터 얻은 아이디어에서 시작되었다. 우리에게 들려주시던 선생님의 이야기는 '개나리꽃 전설'이었다. 4정 정도의 큰 도화지에 그림을 그리고 그 뒷면에는 이야기의 내용을 써넣고, 틀 속에 그림을 끼워놓고 한 장씩 뽑아가며 뒷면의 이야기를 읽어주는 것이었다. 독서 자료도 충분치 않았던 시절, 그리고 텔레비전도 없던 시절, 이야기 그림극은 우리에게 경이로운 사건이었다. 말하자면 대형 그림책을 한꺼번에 많은 아이에게 읽어주는 효과가 있었다. 우리 반 친구들은 이 '개나리꽃 전설'을 읽고 또 읽었다. 이 소문이 학교 전체에 퍼지게 되었고 전교생이 차례대로 강당 겸 음악실(두세 반 정도가 함께 모일 수 있는 크기의 마룻바닥 교실)에 모여 이야기 그림극이 여러 차례 이루어진 걸로 기억된다.

복잡한 현대 사회로 들어오면서 어린이들의 교육 문제 등 독서교육이 차지하는 비중은 상당히 크다. 그러나 독서교육을 말하기에 앞서 독서가 무엇인가를 생각해 보자. 독서란 단순히 문자를 읽는다고 해서 되는 것이 아니다. 독서란 기호화한 문자나 문장을 읽는 동안 자신의 지식이나 경험이 머릿속에서 상호작용하면서 이해되고 깨달아지는 과정이다. 그렇다면 독서교육은 문자를 가르친다거나 글을 읽는 기술만으로 완성되는 것이 아니다. 이에 앞서서 독서 능력이 개발될 수 있도록 독서 경험을 쌓아주는 것이 선행되어야 한다. 그 방법으로는 '이야기' 이상의 더 좋은 방법은 없다. '이야기'는 '듣는 독서'라고 표현할 수 있으며 목소리가 도구가 되는 방법이라면 모두 포함될 수 있다. 동화구연을 비롯하여 이야기 그림극, 그림책이나 동화책 읽어주기, 시 낭송 등 귀로 듣고 머릿속으로 상상하면서 이미지를 그려볼 수 있다면 최상의 독서 경험이 되겠고, 직접 문자나 독서자료를 만났을 때 이러한 독서 경험은 자연스럽게 독서의 세계로 이끌어 줄 것이다.

『할머니가 들려 주는 꽃 전설』을 펴내며
서울독서교육연구회 고문 송영숙

일러두기

　『할머니가 들려주는 꽃 전설』은 「이야기초롱 시리즈-여덟(특별판)」으로 출간됩니다.
　이 책은 이야기 시간에 그대로 활용할 수 있도록 꾸몄습니다. 여기에 실린 이야기들이 이야기꾼들에게나 이야기를 듣는 이(특히 어린이)에게 이야기의 즐거움을 듬뿍 맛보게 하고, 이야기의 힘을 느끼게 했으면 좋겠습니다.
　『할머니가 들려주는 꽃 전설』에는 「이야기초롱-넷」에 수록된 '개나리꽃 전설'과 「이야기초롱-여섯」의 '민들레꽃, 할미꽃, 도라지 꽃, 분꽃, 꽈리, 은방울꽃, 해바라기꽃'의 전설에 금강초롱꽃, 씀바귀꽃 전설을 보태어 다시 재화를 하였습니다. 특별히 각각의 꽃 전설과 어울리는 동요 및 전래동요, 민요 등을 접목하여 이야기꾼이나 이야기를 듣는 이들이 함께 어우러져 이야기의 즐거움을 더할 수 있도록 다시 구성했습니다.
　『할머니가 들려주는 꽃 전설』에 수록된 꽃들은 우리 주위에서 흔하게 볼 수 있는 꽃이고 서민적인 꽃이며 대부분 우리나라의 토종 꽃들입니다. 아이들은 지천으로 깔린 풀꽃에 대해서 잘 모르고 있지요. 우리 아이들이 풀꽃, 하찮은 꽃에 대해서도 눈을 돌리고 자연을 사랑할 줄 아는 사람으로 자라주기를 바라는 마음으로 꽃에 얽힌 전설이 이야깃거리가 되도록 찾아보았습니다.
　아직도 더 많은 꽃에 관한 이야기들이 있으니 하나둘 찾아내고 다듬어서 아이들이 즐겨 들을 수 있는 이야기 전을 펼쳐보겠습니다.

· 차 례 ·

 개나리꽃 · 8

 꽈리 꽃 · 17

 금강초롱꽃 · 27

 도라지 꽃 · 37

 민들레꽃 · 46

 분꽃 · 58

 씀바귀 꽃 · 71

 은방울꽃 · 82

 할미꽃 · 94

 해바라기 꽃 · 105

개나리꽃

개나리꽃

옛날 옛날, 할머니가 어렸을 적엔 봄이 되면 앞마당 개나리 울타리 밑에서 병아리가 노란 개나리꽃잎을 입에 물고 엄마 닭을 졸졸 따라다니는 것을 자주 보았어요. 그래서 이런 개나리꽃 노래를 불렀지요.

<봄 나들이>

나리 나리 개나리 ♬♪
입에 따다 물고요

병아리 때 종종종 ♬♪
봄나들이 갑니다.

(윤석중 작사 / 권태호 작곡)

할머니가 아주 어렸을 적, 그러니까 우리 친구들의 엄마 아빠도 태어나기 훨씬 전 이야기에요. 할머니가 초등학교 2학년 때에 담임 선생님이 들려주신 이야기지요.

"또 해 주세요, 또 해 주세요."

이 개나리꽃 전설이 얼마나 재미있었던지 또 해달라고 선생님을 얼마나 졸랐는지 몰라요. 듣고, 듣고 또 들었지만 반 친구들은 들을 때마다 재미있다고, 선생님께 또 해달라고 자꾸 조르곤 했지요. 그런데 담임 선생님이 들려주셨던 이 '개나리꽃 전설'을 얼마 전에 방정환 선생님이 만드셨던 「어린이」라는 잡지에서 보게 되었어요. 아마 할머니의 선생님께서 「어린이」 잡지에서 읽었던 '개나리꽃 전설'을 우리들에게 들려준 거였나 봐요. 이제 할머니의 선생님에게서 들었던 이야기를 우리 친구들에게 들려주려고 해요.

　옛날 어느 양지바른 산기슭, 외딴 곳에 다 쓰러져 가는 낡은 초가집 한 채가 있었답니다. 그 집에는 예닐곱 살 되는 수동이라는 사내아이가 살고 있었어요. 수동이네 집에는 병이 들어서 아픈 엄마가 막내 동생인 갓난아기와 함께 누워 있었지요. 그리고 세 살짜리 동생도 함께 살았어요. 아버지는 돌아가셨고 엄마는 병들어 누워 계시니 수동이네는 무척 가난했어요. 먹을 것조차 없었답니다. 그러니 끼니를 거를 때가 한두 번이 아니었어요. 맏이인 수동이는 마을로 내려가 이 집 저 집 다니며 밥을 구걸하여 얻어다가, 병들어 누워 계신 엄마에게 드리고 배고프다고 보채는 동생에게도 먹이고는 했지요. 어머니는 어린 아들이 얻어오는 밥을 보고는, 목이 메어 눈물을 흘리곤 했어요.
　"미안하다, 수동아. 내가 할 일을 어린 네가 하다

니……."

　어느 추운 겨울이었어요. 집은 산기슭 양지바른 곳에 있었지만 바람이 쌩쌩 불고 몹시 추운 날이었지요. 갓난아기와 병든 어머니는 꼼짝도 하지 못하고 방에 누워 있었어요. 오랫동안 아궁이에 불을 때지 못한 터라 방바닥에는 불기운이라고는 도대체 없고 몹시 차가웠어요. 게다가 세 살짜리 동생은 배가 고프다고 칭얼댔지요. 수동이는 마을로 내려가 이 집 저 집에서 얻어 온 찬밥을 배고파 하는 동생에게 먹이고 어머니에게도 드렸답니다. 수동이는 차가운 방바닥에 누워 계시는 어머니를 보고는 몹시 불쌍하다는 생각이 들었어요.

　'엄마는 얼마나 추우실까? 어디 땔감이 좀 없을까?'
　밖으로 나온 수동이는 집 주위를 빙빙 둘러보았지요. 혹시 마른나무 가지라도 있다면 주워서 아궁이에 불을 때야겠다고 생각했거든요. 그렇지만 겨울 내내 나뭇가지를 주어다가 아궁이에 불을 땠으니, 집 주위에는 이제 더 이상 불을 땔 만한 나뭇가지가 보이지 않았어요. 바로 그때 수동이는 쓰러져 가는 초가지붕 한 귀퉁이에 축 늘어져 있는 이엉을 발견했지요.(아, 이엉이 무엇인지 알아요? 볏짚으로 지붕을 덮은 초가지붕 처마에 늘어진 짚을 이엉이라고 해요.) 이엉을 발견한 수동이는 처마 끝에 늘어진 이엉을 뜯어다가 아궁이에 넣고 불을 지폈어요. 바싹 마른 이엉은 잘도 탔지요. 정신없이 왔다 갔다 하며 이엉을 뜯어다가 아궁이에 넣고 불을 땠어요. 그러는 동안 그만 지푸라기에 붙은 불길이 수동이의 누더기 옷에 옮겨붙고 말았어요. 너무나 추워서 수동이는 자기 옷에 불이 붙은 것도 알지 못한 채 이엉을 뜯어 아궁이에 넣는 일에만 열중하고 있었지요. 마침내 수동이의 옷에 붙은 불길이 수동이를 태우고 흩어져 있는 지푸라기에 옮겨붙어 수동이네 집까지 몽땅 태워 버리고 말았답니다. 삽시간에 불은 다 쓰러져 가던 초가집을 태우고, 집이 있던 자리에는 잿더미만 수북이 쌓이게 되었답니다.

그 이듬해, 유난히도 춥던 겨울이 지나고 봄이 찾아왔어요. 수북하게 잿더미만 남아 있던 양지바른 산기슭에는 다른 곳보다도 더 먼저 봄이 찾아왔지요. 따스한 햇볕이 내리쬐는 산기슭의 잿더미 속에서 노란 꽃이 옹기종기 피어나기 시작했어요. 노란 꽃이 옹기종기 피어 있는 모습은 불에 타 버린 수동이네 가족이 모여서 오순도순 이야기하는 것 같았지요. 추위를 잊고 따뜻한 햇볕을 쬐면서 말이에요. 아마도 수동이네 가족의 넋이 노란 꽃으로 다시 태어났던가 봐요. 개나리꽃이라고 불리는 이 노란 꽃, 이른 봄 양지바른 언덕에 다정하게 모여 피어난 개나리꽃을 보며, 동네 사람들은 불쌍한 수동이네 가족이 하늘나라에서는 노오란 개나리꽃처럼 따뜻하고 행복하길 바랐답니다.

꽈리 꽃

꽈리 꽃

<꽈리>

빨간 꽈리 입에 물고 뽀드득 뽀드득 🎵

동글동글 굴리다가 뽀드득 뽀드득 🎵

꽃밭에다 물을 주자 뽀드득 뽀드득 🎵

앞마당에서 꽈리를 불면

병아리들이 모여와서 듣는다

병아리야 너희들도

빨간 꽈리 불어보고 싶으냐

(김영일 동시 / 주기환 작곡)

우리 친구들, 꽈리가 뭔지 알고 있나요?

옛날에는 마당에 꽃밭을 만들고, 꽃밭 한 편에 꽈리를 심기도 했어요. 꽈리는 주홍색 주머니 속에 엄지손가락 한 마디만한, 그러니까 포도알 크기의 주홍색 열매가 열려요. 이 열매 속에 있는 씨를 잘 뽑아내고 씨 뽑아 낸 구멍을 아랫입술에 대고 꽈리 속에 들어 있는 바람을 조금씩 빼어내면서 불면 재미있는 소리가 나지요. 할머니가 어렸을 적엔 친구들끼리 꽈리불기 내기를 자주 했어요.

그때는 문구점에서 고무꽈리를 팔기도 해서 그 고무꽈리를 사서 불기도 했지요. 또 재미있는 것은 꽈리의 크기가 포도 한 알의 크기와 비슷해서 포도 알맹이를 잘 뽑아 꼴깍 먹어버리고는 포도껍질로 꽈리를 불기도 했지요.

자, 그럼 꽈리의 전설을 들려줄 테니 한 번 들어 보세요.

옛날 어느 시골 마을에 꽈리라고 하는 소녀가 살았어요. 꽈리는 몹시 가난했지만 마음씨도 곱고 노래도 아주 잘 불렀답니다. 노래를 특별히 배운 적은 없었지만 언제나 명랑하게 노래를 잘 불렀어요. 그래서 마을 사람들은 꽈리가 부르는 노랫소리를 들으면 아주 좋아하면서 칭찬을 아끼지 않았지요.

"꽈리의 노랫소리는 은쟁반에 옥구슬이 구르는 것 같구나."

그런데 이 마을의 제일 부잣집에 꽈리와 같은 또래의 딸이 있었어요. 그 부잣집 딸은 자기가 꽈리만큼 노래를 잘 부르지 못한다고 꽈리를 몹시 미워했다는군요. 이 부잣집 딸의 어머니도 딸 못지않게 아주 심술궂은 여자였어요. 부잣집 딸과 어머니는 틈만 나면 꽈리를 못살게 구는 바람에 꽈리는 언제나 그 집 앞을 피해 멀리 돌아서 다니곤 했답니다. 그뿐이 아니에요. 노래를 부를 때도 부잣집에는 들리지 않게 조심했대요.

어느 봄날이었어요. 나물을 캐러 나갔던 꽈리가 흥에 겨워 들판에서 즐겁게 노래를 불렀답니다. 꽈리의 노랫소리는 바람을 타고 온 산골짜기 마을로 메아리쳤지요. 그때 마침 그곳을 지나가던 고을 원님이 꽈리의 노래를 듣게 되었다는군요.

"허어, 이렇게 아름다울 수가……. 마치 하늘에서 선녀가 내려와서 노래를 부르는 것 같구나."

원님은 당장 노래를 부른 사람을 찾아오라고 명령을 내렸지요. 이윽고 꽈리가 원님 앞에 불려 왔겠죠? 그러나 꽈리는 너무 수줍어서 고개를 들지도 못했어요.

"너의 집이 어디더냐?"

하고 원님이 물었지만 제대로 대답을 하지도 못했지요. 원님은 꽈리의 노래를 크게 칭찬하고 돌아갔어요. 이 소문은 곧 온 마을에 퍼지게 되었고, 부잣집 딸과 어머니도 이 소문을 듣고는 샘이 나서 어쩔 줄 몰라 했어요.

어느 날 부잣집에서 큰 잔치가 벌어졌답니다. 부잣집

에서는 원님을 만나려고 잔치를 벌였기 때문에 부잣집 잔치에 물론 원님이 초대를 받았겠지요? 이날 잔칫집에는 이웃 마을 사람들까지 모여들어 북적거렸어요. 그렇지만 부잣집에서 멀리 떨어진 외딴 곳에 살던 꽈리의 얼굴은 보이지 않았어요. 꽈리도 잔치에 가고 싶었지만 부잣집 딸이 무슨 심술을 부릴지 몰라 겁이 나서 나가지도 못하고 집에 있었던 것이에요.

그런데 잔치 도중에 원님이 부잣집 주인에게 물었어요.

"듣자하니 이 고을에 노래를 썩 잘 부르는 소녀가 있다 하던데, 어디 그 아이의 노래 좀 들어 봅시다."

부잣집 주인은 즉시 꽈리를 불러오라고 하인에게 심부름을 시켰어요. 그러자 부잣집 딸과 어머니는 재빨리 심술궂은 계략을 꾸몄어요.

이윽고 꽈리가 잔칫집에 불려 와서 노래를 부르기 시작하자 갑자기 사람들이 웅성거렸지요.

"흥, 자기가 노래를 꽤나 잘하는 줄 아나 보지?"

"얼굴은 왜 저렇게 못생겼대?"

"야야, 못생긴 얼굴 보니까 밥맛 떨어진다. 노래는 들으나마나다."

이렇게 수군대는 소리가 들리자 꽈리의 얼굴이 새빨개졌지요. 꽈리는 너무나 창피해서 도저히 노래를 부를 수가 없었어요. 이제까지 자기를 칭찬하던 온 동네 사람들이 갑자기 모두 자기를 손가락질하는 것 같았어요. 꽈리는 달아나듯이 잔칫집을 빠져나와 집으로 돌아왔지요.

부잣집 딸과 어머니는 고소해 하면서 속으로 웃었어요. 꽈리를 흉본 사람들은 바로 부잣집 딸의 어머니가 돈을 주고 꽈리가 노래를 못한다고 말하라고 시킨 사람들이었거든요. 꽈리는 그것도 모르고 온 동네 사람들 앞에서 망신을 당했다고 생각하고, 창피하고 부끄러워 몸져눕고 말았지요.

게다가 그 잘하던 노래도 못하고 도망치듯 집으로 돌아와 버린 것이 너무나 후회가 되었어요. 그렇지만 다시 돌아가서 노래를 부르기에는 이미 늦어 버린 일이었지요, 꽈리는 너무 속상하고 자기 자신이 너무나 미웠어요. 그래서 그만 병이 깊어져서 시름시름 앓다가 하늘나라로 떠나고 말았다고 해요.

이듬해 봄, 꽈리의 무덤가에는 한 포기 풀이 자라더니 꽃이 피고 열매가 맺었어요. 가을이 되자 주렁주렁 달렸던 주머니 속에 열매가 달리더니 발갛게 익었어요. 주머니에 싸여 있는 붉은 꽈리는, 엷은 너울 속에서 살며시 밖을 내다보는 것처럼 수줍어하던 꽈리의 모습과 꼭 닮은듯했지요. 그래서일까요? 그 후 사람들은 그 꽃을 꽈리 꽃, 열매를 꽈리라고 부르게 되었대요.

꽈리 열매 속의 씨를 조심스레 다 빼내고 씨를 빼낸 조그만 구멍을 아랫입술에 대고요, 윗니로 가볍게 눌러 바람을 살살 빼면 뽀드득 뽀드득하고 예쁜 소리가 나지요. 이렇게 소리 내는 것을 '꽈리를 분다'고 해요. 꽈리를 불 때에 나는 소리가 하늘나라에서 부르는 꽈리의 노랫소리처럼 들린다고 하네요.

금강초롱꽃

금강초롱꽃

할머니가 어렸을 때 부르던 노래 한 자락 가르쳐 줄까요? 잘 듣고 따라 해 보세요.

달아달아 밝은 달아
이태백이 놀던 달아
저기저기 저 달 속에
계수나무 박혔으니
은도끼로 찍어내어
금도끼로 다듬어서

**초가삼간 집을 지어
양친부모 모셔다가
천년만년 살고 지고
천년만년 살고 지고**

(전래 동요)

 우리 친구들, 달나라에 계수나무가 정말 있을까요? 달나라의 계수나무 밑에서 토끼가 방아를 찧는다든가, 금도끼 은도끼로 계수나무를 찍어다가 집을 짓는다고 하는 이야기를 믿지 못하겠지요? 보름달이 뜨면 잘 보세요. 둥그런 달님 얼굴에서 어둡게 보이는 그림자를 가만히 보고 있으면 계수나무 밑에서 토끼가 떡방아 찧는 것처럼 보일 거예요.

 그럼 지금부터 할머니가 들려주는 이야기를 잘 들어 보세요. 달나라에 있다는 계수나무 열매가 정말 병을 고칠 수가 있을까요?

옛날하고도 먼 옛날, 금강산 비로봉의 어느 깊은 골짜기에 불쌍한 오누이가 살고 있었어요. 부모님이 일찍 돌아가셔서 가난하고 힘들게 살았지만 우애가 깊어서 남들이 부러워할 정도였지요. 누나는 아버지 어머니를 대신해서 아홉 살 난 어린 동생을 알뜰살뜰 보살펴 주고, 동생은 하나밖에 없는 누나를 의지하며 사이좋게 살고 있었답니다.

그런데 어느 해 봄이었어요. 누나가 갑자기 병에 걸렸어요. 동생은 사랑하는 누나를 붙들고 슬피 울며 어찌할 바를 몰랐지요. 그리곤 누나의 병을 낫게 하려고 말로만 듣던 약초를 구하러 금강산을 헤매고 다녔어요. 그렇지만 누나의 병을 낫게 할 약초를 구하지 못했답니다.

그러던 어느 날, 바람결에 꽃들이 속삭이는 소리를 들었어요.

"달나라에 가서 계수나무 열매를 한 바구니 따오셔요. 누나의 병은 계수나무 열매를 먹어야 낫는답니다."

'아, 계수나무 열매!'

동생은 아무리 멀더라도 달나라에 가서 기어이 계수나무 열매를 구해 오겠다고 마음을 먹었지요. 다음날 아침, 산에 약초를 캐러 간다고 거짓말로 누나를 안심시키고는 비로봉 꼭대기를 향해 멀고도 험한 길을 떠났어요. 달에 가려면 하늘과 제일 가까운 곳이 비로봉 마루라고 생각했거든요. 그런데 비로봉 꼭대기에 올라와 보니 달나라까지 갈 길이 보이지 않는 거예요. 그저 막막했어요. 안타까운 마음으로 하루 종일 하늘만 올려다보았지 뭐예요.

어느덧 날은 어두워지고 밤하늘에 하나 둘 별이 뜨기 시작했는데 갑자기 어디선가 "좌르릉"! 하는 소리가 들려왔어요. 동생은 너무 무섭고 놀라서 얼른 바위 뒤에 몸을 숨겼어요. 그런데 이게 웬일이에요? 하늘에서 눈부시게 빛나는 은사다리 하나가 주르르 미끄러져 내려오는 거예요. 조금 있자니 사다리를 타고 내려온 한 선녀가 사뿐사뿐 땅 위로 내려서자, 은사다리는 하늘로 주르륵 걷혀 올라가 버렸어요. 그 선녀는 물병을 가슴에 꼭 안고 골짜기 아래로 걸어 내려가더니, 얼마 후에 물병에 물을 담아 가지고 동생이 숨어 있는 바위 앞으로 다가왔지요. 동생은 바위 뒤에 숨어서 자세히 살펴보았지요. 바위 앞에 오자 선녀는 자그마한 바위 구멍에 손을 들이밀고 부드러운 빛깔의 돌멩이를 하나 끄집어내겠지요? 그리고는 그 돌멩이를 하늘을 향해 비쳐 보이자 이번엔 하늘에서 금사다리가 주르륵 미끄러져 내려오지 않겠어요? 선녀는 손에 쥐고 있던 그 이상한 돌멩이를 바위 구멍 속에 집어넣더니 금사다리를 타고 하늘로 올라가는 거예요. 금사다리는 선녀를 태우고 주르르 하늘로 올라가 버렸어요.

　신기한 일을 눈앞에서 본 동생은 용기를 내어 바위 뒤에서 달려 나와 바위 구멍에 선녀가 두고 간 돌을 끄집어내었어요. 일곱 가지의 고운 빛깔이 한데 어울려 아롱 아롱 빛나는 커다란 무지개 구슬이었어요. 달나라로 올라갈 수 있는 비밀을 알게 된 동생은 선녀가 하던 대로 구슬 돌을 하늘에 대고 비췄지요. 그러자 거짓말처럼 정말 하늘에서 "좌르릉 쫭쫭!" 소리를 내며 금사다리가 미끄러져 내려오지 뭐예요? 동생은 재빨리 금사다리를 타고 달나라로 올라갔어요.

한편 앓아 누워 있던 누나는 약초 캐러 간다던 동생이 밤늦도록 돌아오지 않자 걱정이 되었지요. 누나는 가까스로 몸을 추스려서 초롱불을 켜 들고 동생을 찾아 나섰답니다. 비로봉 골짜기 여기저기를 살살이 뒤지며 목이 쉬도록 동생을 부르고 또 불렀어요. 하지만, 누나의 애절한 소리는 바람결에 수풀 속으로 흩어져 버렸어요.

한편 하늘로 올라간 동생은 급히 계수나무가 있는 곳으로 달려가서 조롱박처럼 생긴 열매를 한 바구니 따서, 계수나무 밑을 막 빠져나오려고 할 때였어요. 달나라의 임금님이 인간 세상에 사는 사람이 달나라로 온 것을 알고는 노발대발 화를 내었지요.

"사람이 한 번 밟았던 사다리는 선녀나 신선이 다시 쓸 수 없느니라!"

달나라 임금님은 지팡이로 하늘가에 세워 두었던 두 개의 사다리를 후려쳐 버렸답니다. 그러자 은사다리와 금사다리는 수천 수만 개의 바윗돌로 부서져 "콰르릉!" 하고 비로봉 말기에 쏟아져 내려 '일 만 이천 봉'이 되었다고 해요.

달나라 임금님은 동생을 궁궐로 불러들였지요. 그리곤 엄한 눈길로 동생을 한 번 훑어보더니 물었어요.

"너는 어인 연고로 달나라에 올라오게 되었느냐?"

동생은 눈물을 흘리며 자기가 왜 여기에 오게 되었는지 달나라 임금님께 자세히 말씀드렸지요. 그러면서 계수나무 열매를 꼭 가져가게 해 달라고 애원하였어요. 동생의 말을 다 듣고 난 임금님은 노여움을 풀고 몹시 안타까워했어요.

"인간 세상에 이처럼 아름다운 남매간의 사랑이 있는 줄은 내 미처 몰랐구나. 그런데 은사다리와 금사다리를 모두 깨뜨려 버렸으니 이 일을 어쩌면 좋누?"

깊이 후회를 하던 달나라 임금님은 말했어요.

"음~ 할 수 없구나. 용마라도 한 필 내어 줄 터이니 그걸 타고 어서 빨리 땅으로 내려가거라."

동생은 용마를 타고 비로봉을 향해 바람처럼 내달렸지요. 그렇지만, 용마는 아주 빨리 달렸지만, 아득하게 먼 달나라에서 비로봉까지 보름이나 걸렸다고 해요. 비로봉 골짜기에서 동생을 애타게 부르며, 슬피 울던 누나는 끝내 동생이 도착하기 전, 숨을 거두고 말았어요.

그런데 누나가 손에 들고 있던 초롱불만은 그대로 켜져 있었어요. 그 초롱불은 신기하게도 날이 가고 달이 바뀌어도 꺼지지 않았다고 해요. 그러다가 차차 한 송이의 아름다운 꽃으로 변하게 되었대요.

누나를 부르며 목 놓아 울던 동생도 그 꽃 옆에서 지쳐 쓰러져 누나를 따라 숨을 거두었지요. 후에 사람들은 그 꽃이 누나가 들고 있던 초롱을 닮았다고 '금강초롱꽃'이라고 불렀다는 슬픈 이야기에요. 금강초롱은 오로지 우리나라 금강산 골짜기에만 피는 꽃이라고 해요. 마치 동생을 만나기 전에는 비로봉 골짜기를 절대로 떠나지 못하는 누나의 마음처럼 금강산에만 핀대요.

금강초롱꽃은 천식, 경풍, 한열, 인후염 편도선염 등을 잘 낫게 하는 보약재로 쓰이는 우리나라 특산식물이에요. 아마 누나의 병을 고치고 싶은 동생의 마음을 가진 꽃인가 봐요.

도라지 꽃

도라지 꽃

<도라지 타령>

도라지, 도라지~ 도~라지 ♬♪

심심산천에 백도~라지 ♬♪

한두 뿌리만 캐어~도~ ♬♪

대바구니로 반실만 되누~나 ♬♪

에헤~요 데헤~요. 에헤~요오 ♬♪

어여라 난다 지화자 좋다 ♬♪

저기 저 산 밑에
도라지가 한들한들 ♬♪

(경기도 민요)

이런 노래를 들어본 적이 있나요? 이 노래를 도라지 타령이라고 한답니다. 할머니가 어렸을 적엔 이 도라지 타령을 부르며 춤을 추기도 했어요.

도라지 꽃은 어떤 색깔일까요? 그렇지요, 도라지 꽃은 보라색도 있고, 흰색도 있어요. 그럼, 도라지 하면 생각나는 것이 무엇인가요? 맞아요, 명절음식이나 제사 때에 빠지지 않고 상에 올라가는 것이 바로 도라지나물이에요. 도라지 뿌리로 나물을 만들지요. 껍질을 벗겨서 가늘게 채치고, 소금에 박박 주물러서 물에 헹궈, 기름에 달달 볶으면 맛있는 도라지나물이 된답니다. 오늘은 도라지 꽃 전설을 들려주려고 해요.

옛날, 옛날, 신라의 어느 산골마을에 도라지라는 이름을 가진 처녀가 살고 있었답니다. 도라지는 어렸을 때 부모님을 여의고 오빠와 단둘이서 살고 있었어요. 오빠는 도라지를 아껴 주고 보살피면서도 공부도 게을리하지 않았어요. 도라지도 물론 오빠를 몹시 따랐어요. 두 남매는 동네 사람 모두가 칭찬할 만큼 우애가 좋았답니다. 도라지가 자라서 처녀가 되었을 때는 오빠가 공부하는 것을 도와주려고 이 마을 저 마을 다니면서 허드렛일을 하며 살림을 꾸려갔어요.

"도라지야, 네가 몹시 힘들겠구나. 미안하다. 내가 공부를 끝내고 벼슬을 하게 되면 네가 고생을 하지 않아도 되니 잠깐만 기다리자."

"네, 오라버니 걱정 마세요. 하나도 힘들지 않아요."

도라지가 열일곱 살이 되었을 때였어요. 오빠가 근심 어린 표정으로 도라지를 불렀지요. 그러고는 한참 동안

망설이던 끝에 입을 열었어요.

"앞으로 얼마 동안은 너와 헤어져 있어야 할 것 같구나."

"무슨 일인데요, 오라버니? 어디 가시려고요?"

"너도 알다시피 여기서는 먹고 살기 참으로 어렵구나. 중국에 가서 공부를 열심히 해 가지고 와서 과거시험을 봐야 되겠다. 그러면 돌아가신 부모님도 기뻐하시지 않겠니?"

도라지는 오빠와 헤어지는 것이 몹시 섭섭했지만 오빠가 성공해서 돌아올 것이라고 믿었기 때문에 기쁜 마음으로 오빠를 보내기로 마음먹었지요.

오빠가 공부를 하러 중국으로 떠나는 날, 눈물을 글썽이던 도라지는 오빠에게 정성껏 싼 보따리를 건네주면서 물었어요.

"오라버니, 언제쯤이면 공부를 마치고 돌아오게 되나요?"

"넉넉잡아 10년쯤은 걸릴 게다. 그러니 힘들더라도 그때까지만 참고 기다려다오. 반드시 성공해서 돌아올 테니까."

도라지는 오빠의 말을 따라 절에 가서 살면서 10년 동안을 오빠가 돌아오기만을 손꼽아 기다렸어요. 한 해 한 해가 너무도 더디 가는 것 같았지만 오빠가 열심히 공부해서 성공하고 돌아오기만을 기도하면서 기다렸지요. 그리고는 매일매일 산언덕에 올라가 바다 멀리 중국 쪽을 바라보며 오빠를 그리워하며 기도를 했어요.

"천지신명이여, 어서 빨리 오라버니가 돌아올 수 있도록 비나이다."

세월은 강물처럼 흘러서 10년이란 세월이 훌쩍 지나가버렸으나 오빠는 돌아오지 않았어요. 도라지는 이제나 저제나 오빠가 탄 배가 오지나 않을까 하고 매일같이 산언덕에 올라서 기도하면서 오빠가 오기만을 기다렸지만, 기다리는 오빠는 오지 않고 소문만 무성하게 나돌았지요. 오빠가 약속했던 10년이 또 10년이 더 지났어요.

오빠가 타고 오던 배가 풍랑을 만나 배가 뒤집혀 바다에 빠져 죽었다고도 하고, 또 어떤 소문은 중국에서 큰 벼슬을 해서 잘 살고 있다고도 했어요. 그렇지만 도라지는 오빠가 언젠가는 틀림없이 돌아오리라고 굳게 믿고 있었어요.

"오라버니는 꼭 돌아올 거야. 암 그렇고말고."

오빠를 기다리는 마음은 20년이 지나도 변하지 않아서 매일같이 산언덕에 올라가서 바다 건너 중국 쪽을 바라다보며 오빠를 기다리고 기다렸지요. 드디어는 몇십 년이 지나 도라지는 할머니가 되고 말았어요. 할머니가 되었지만 도라지는 매일같이 산언덕에 올라가 오빠를 기다렸어요.

어느 날, 도라지가 다시 산언덕에 올라가 하염없이

바다를 바라보며 슬픔에 잠겨 있을 때

"도라지야, 도라지야."

하고 등 뒤에서 누군가 도라지를 부르는 소리가 들렸어요.

"도라지야, 오빠가 왔다."

다시 부르는 소리가 들려왔어요. 오빠라는 말에 귀가 번쩍 띄어 도라지는 화들짝 놀라 뒤를 돌아다보았지요. 그러나 그곳에는 아무도 없었어요. 기다리다 지치고 기운이 다 빠져 할머니가 된 도라지는 헛소리를 들었던 것일까요? 기다리는 마음이 너무나 간절해서 오빠의 환상을 본 것일까요? 도라지는 그 순간 그곳에 쓰러져서 한 포

기 꽃으로 변하고 말았다고 해요.

　사람들은 도라지가 오빠를 매일같이 기다리다 쓰러져 죽은 곳에 핀 꽃을 보았어요. 그래서 그 꽃을 도라지 꽃이라고 불렀지요. 도라지의 간절한 기도와 오랜 기다림을 안타깝게 여겼던 산신령님이 도라지를 꽃으로 만들었다는 이야기가 전해 내려오고 있답니다. 깊은 산속에 외롭게 다소곳이 핀 도라지 꽃을 보게 되면 도라지 처녀가 아직도 중국에 간 오빠를 하염없이 기다리고 있는 것 같이 보이기도 한답니다.

　앞에서 배운 도라지 타령 한 자락을 들려준다면, 하늘나라에 간 도라지가 위로를 받지 않을까요?

민들레꽃

민들레꽃

　　민들레꽃 모르는 친구 있어요? 봄이 되면 제일 먼저 '나 좀 봐 주세요' 하고 피는 꽃이 민들레이지요? 아파트 주위에서도 쉽게 볼 수 있어요. 잔디밭에도 피고 시멘트 바닥의 갈라진 틈에서 피기도 해요. 민들레는 노란 꽃에 초록 잎이에요.

　　자 그럼, 강소천 선생님이 지으신 민들레 노래를 먼저 불러 보고 이야기를 들어 볼까요?

<민들레꽃>

길가의 민들레도 노랑 저고리 ♪♬
첫돌맞이 우리 아기도 노랑 저고리
민들레야 방실방실 웃어 보아라 ♪♬
아가야 아장아장 걸어 보아라

(강소천 작사 / 이상근 작곡)

거울처럼 맑은 남촌 강이 한눈에 바라다보이는 강기슭 언덕 위에 오막살이집 한 채가 있었어요. 그 오막살이집에는 민 씨 할아버지와 어린 손녀딸 들레가 살고 있었지요. 봄이 되면 할아버지는 강에서 고기를 잡고, 들레는 산과 들을 돌아다니며 나물을 캐곤 했어요. 할아버지는 들레를 무척 사랑해서 잡은 물고기를 시장에 나가 팔면 언제나 들레의 옷과 신발을 사 오곤 하셨지요.

들레는 오막살이집에서 할아버지와 가난하게 살았지만, 할아버지의 사랑을 듬뿍 받으며 곱게, 곱게 자랐어요.

하루는, 할아버지가 들레의 노랑 저고리와 초록 치마를 사오셨지요.

"들레야! 이거 한 번 입어 봐라. 할애비가 우리 들레 옷을 사 왔다."

들레는 할아버지가 사다 주신 노랑 저고리와 초록 치마를 제일 좋아했어요. 들레가 할아버지가 사다 주신 노랑 저고리, 초록 치마를 입고 나풀나풀 춤을 추기라도 하면,

"마치 하늘에서 내려온 선녀님 같구나. 하하……."

할아버지는 그럴 때마다 환하게 웃으며, 들레와 함께 사는 것이 무척 행복했답니다. 할아버지가 배를 타고 남촌 강에서 고기를 잡으면, 들레는 강가에 앉아서 빨래를 하곤 했지요.

"할아버지! 고기 많이 잡았어요?"

"오냐 오냐, 절굿대 만한 잉어를 잡았단다."

"할아버지, 잉어는 팔지 말고 집으로 갖고 오세요. 잉어 고아서 할아버지 약 해 드릴게요."

들레는 강가에서, 할아버지는 배 위에서, 서로 바라보면서 큰소리로 이야기를 했어요.

이렇게 들레는 할아버지의 사랑을 듬뿍 받으며 어여쁜 처녀가 되었지요. 보름달처럼 환한 얼굴에 앵두 빛깔의 빨간 입술, 비단결처럼 고운 마음, 들레는 나무랄 데 없는 어여쁜 처녀였어요. 노랑 저고리에 초록 치마를 입은 들레가 산기슭에 앉아 있으면, 들레의 모습은 아름다운 선녀 같기도 하고, 한 송이의 노란 꽃과도 같았지요.

"우리 들레한테 좋은 신랑감을 찾아 주어야 할 텐데……"

이웃 마을에는 들레를 좋아하는 총각이 많았지요.

"들레야, 너도 이제 시집을 가야지? 남촌 마을에 사는 돌쇠가 어떠냐? 돌쇠는 마음씨도 착하고 부지런하니 네 신랑감으로 맘에 드는구나."

들레는 할아버지의 곁을 떠나는 게 싫었어요. 할아버지를 혼자 남겨 두고 시집을 가고 싶지 않았지요.

"들레야! 여자는 나이가 들면 시집을 가야 하는 거란다. 남촌 마을은 바로 강 건너 마을이니, 할아버지가 보고 싶으면 문 밖으로 나와 강 건너에서 서로 볼 수 있지 않느냐? 아가, 올 가을에는 돌쇠한테 시집을 가거라."

들레도 돌쇠를 좋기는 했지만 할아버지를 남겨 두고 남촌 마을로 시집갈 수가 없었지요.

그러던 어느 해 여름, 장맛비가 한 달 내내 내리더니 거울처럼 맑던 남촌 강물이 흙탕물로 변하고, 강물이 불어나면서 들레네 집 마당까지 흙탕물이 넘실거렸어요.

"우르르 쾅, 우르릉 쾅쾅!"

폭우가 쏟아지고 갑자기 넘친 강물은 들레네 오막살이를 휩쓸어 갔어요.

"들레야, 들레야!"

"할아버지, 할아버지!"

들레는 강물에 떠내려가는 초가집 지붕 위에 앉아서 할아버지를 애타게 부르고 할아버지는 강가에서 어쩔 줄을 모르고 소리쳤어요.

"우리 들레 좀 살려 주오, 우리 들레를!"

바로 그 때에 돌쇠는 죽음을 무릅쓰고 소용돌이치는 강물 속으로 뛰어들었지요. 돌쇠는 떠내려가는 들레를 겨우 구했어요.

"돌쇠야! 고맙다, 고마워. 우리 들레를 네가 살렸구나."

할아버지는 돌쇠에게 몇 번이고 몇 번이고 고맙다고 말했어요. 그 후로 돌쇠와 들레는 옛날보다 더 가까운 사이가 되고, 가을에 결혼하기로 약속을 하게 되었지요. 남촌 강 언덕 위에 초가삼간 새 집을 짓고, 돌쇠와 결혼을 해서도 할아버지와 함께 살기로 하고 가을이 되기를 기다리고 있었어요.

감나무 잎사귀가 꽃잎처럼 빨갛게 물들고 감이 익을 무렵, 들레네 집에 포졸들이 몰려 왔어요. 들레는 방에서 할아버지 옷을 만들고, 할아버지는 마당에서 그물을 손질하고 있었지요. 얼굴이 예쁜 처녀들만 골라서 대궐로 데려가는 일을 맡은 포졸들이 할아버지를 에워쌌습니다.

"노인! 우리들은 상감마마의 어명을 받고 대궐에서 온 포졸들이요. 댁의 손녀 민들레를 내어 놓으시오."

아무 영문도 모르는 할아버지는 멍청하니 포졸들을 쳐다보기만 했지요.

"공연히 엉뚱한 생각을 하면, 살아남지 못할게요. 민들레 어디 있소?"

포졸들은 할아버지를 윽박질렀지요.

"나리! 우리 들레는 처녀가 아닙니다. 강 건너 남촌 마을 돌쇠와 약혼을 했어요."

"거짓말 마라. 우리들은 백 리 밖에서 들레 아가씨의 소문을 듣고 찾아왔다. 거짓말을 하면, 목이 날아갈 것이다."

"나리, 참말입니다. 들레는 열흘만 있으면 제 아내가 됩니다."

소문을 듣고 달려 온 돌쇠가 포졸들의 앞을 가로막았지요.

"너 이놈! 잘 왔다."

포졸 대장은 눈을 부릅뜨고 돌쇠를 노려보다가, 부하들에게 명령을 했어요.

"얘들아! 이놈의 목을 베어라. 이놈을 없애면 민들레는 시집을 못 갈 테니까."

방문이 열리면서 초록 치마에 노랑 저고리를 입은 들레가 마당으로 뛰어 나왔어요.

"나리! 잠깐만요!"

"과연 선녀보다 더 아름다운 처녀로구나!"

포졸들은 하던 짓을 멈추고, 선녀보다 아름다운 들레를 정신없이 바라보았어요.

"나리! 우리 할아버지와 돌쇠 도련님을 용서해 주세요. 제가 대궐로 따라가겠습니다."

이렇게 해서 들레는 포졸들에게 끌려가게 되었지요. 들레를 앞세우고 마을을 나서서, 동구 밖을 지났어요. 동구 밖을 지나고 들길을 지나고, 산골짜기 좁다란 길로 들어서면, 남촌 강도 들레네 집도 볼 수 없게 되지요. 눈물을 흘리면서 걸어가던 들레가 들길을 지날 무렵 걸음을 뚝 멈추었어요. 그리고는 신음 소리를 내면서 들길에 쓰러졌어요.

'나는 돌쇠 도련님의 아내가 될 사람이니 대궐로 갈 수 없다.'

들레는 마음속으로 외치면서 혀를 깨물었어요. 잡초

가 우거진 들길에 쓰러져 죽게 되었지요.

할아버지와 돌쇠는 들레가 죽은 자리에 무덤을 만들어 주었어요. 이듬해 봄이 오자 들레의 무덤 위에는 들레가 노랑 저고리 초록치마를 입은 것처럼 꽃이 피었답니다. 들레가 즐겨 입던 초록치마는 초록 잎이 되고, 노랑 저고리는 꽃이 되었던 것이지요. 들길에 홀로 핀 외로운 꽃을 돌쇠는 민들레꽃이라고 이름 지어 주었어요. 민들레 꽃씨가 바람을 타고 하늘을 날아다니는 것은, 민들레의 영혼이 돌쇠를 찾아다니는 것이랍니다.

분꽃

분꽃

분꽃이 어떤 꽃인지 다 알고 있겠죠? 맞아요, 아파트 주변에 분꽃이 많이 피어 있는 걸 본 적 있지요? 그런데 분꽃 나팔을 불어본 적 있나요? 분꽃 씨가 매달린 쪽을 살짝 잘라내어 꽃술을 빼내고 나면 조그만 나팔이 되지요. 그 나팔을 살짝 입술에 대고 불면 '보보, 삐삐'하고 소리가 나요. 바로 분꽃나팔이에요.

이야기를 시작하기 전에 「분꽃」이라는 전래동요를 불러 볼까요?

<분꽃>

노랑 나팔 열두 개
분홍 나팔 아홉 개
노랑 바지 우리 아기
노랑 나팔 불어라
분홍 치마 우리 언니
분홍 나팔 불어라

불어 보자 때때
또 한 곡조 삐삐
담 넘어서 때때
골목에서 삐삐
분꽃 나팔 수천 개
저녁 먹고 또 불자

(전래동요)

옛날, 어느 깊고 깊은 산 속에 오막살이집 한 채가 있었어요. 오막살이집에는 어머니와 딸 꽃예가 단둘이서 외롭게 살고 있었지요. 꽃예 어머니는 기왓골 마을에 가서 날품팔이를 하면서 가난한 살림을 꾸려가고 있었어요.

비록 가난했지만, 꽃예 어머니는 이 세상에서 하나밖에 없는 꽃예를 아름다운 아가씨로 키우고 싶었답니다. 그래서 꽃예 어머니는 꽃예가 하고 싶어 하는 일은 뭐든지 가리지 않고 잘 들어주었어요. 어머니가 꽃예의 말이라면 무엇이든지 잘 들어주어서인지, 꽃예는 겉모습은 예뻤지만, 마음은 자기만 아는 고집쟁이가 되어버렸어요. 산속의 오막살이집에서 아버지도 없이 가난하게 살았지만, 꽃예는 부잣집 외동딸처럼 꾸미기를 좋아했답니다.

"엄마! 나, 다홍치마에 색동저고리 한 벌 해 줘요, 응? 엄마."

꽃예는 다 큰 처녀가 되었지만 어린애처럼 어머니를 졸랐어요.

"아가, 꽃예야! 올 설에 장만한 새 옷이 있지 않느냐? 그러니 이번 추석 땐 입었던 옷을 입자."

"싫어, 싫어. 난 색동저고리 아니면 아무 옷도 안 입을래요."

꽃예는 심술을 부리고 훌쩍훌쩍 울기까지 했어요.

"아가 아가, 꽃예야! 울지 마라, 울지 마. 다홍치마랑 색동저고리 해 주마."

꽃예 어머니는 꽃예가 하고 싶은 것은 무엇이든지 다 해 주고 싶었어요. 먹고 싶은 것, 갖고 싶은 것, 입고 싶어 하는 것, 꽃예가 기뻐하는 일이라면 무엇이든지 다 해 주고 싶어서, 어머니는 뼈가 으스러지고 피땀이 흐르도록 일을 했지요.

'우리 꽃예 색동저고리랑 다홍치마 지으려면, 돈 열 냥은 있어야 할 텐데……. 추석이 열흘밖에 남지 않았으

니, 어디 가서 품을 팔까?'

 꽃예 어머니는 밤을 뜬눈으로 밝혔어요. 눈을 감아도 잠은 오지 않고, 색동저고리와 다홍치마가 눈앞에 어른거렸지요.

 꽃예 어머니는 꽃예 몸치장을 해 주느라고 날품을 앞당겨 쓰기도 했고, 가을걷이가 끝나면 겨울에는 일이 없으니 품삯을 미리 받아올 곳도 없어요. 할 수 없이 노랭이 최 부자 영감한테 가서 돈을 빌리기로 했어요.

 "어흠, 돈 열 냥을 품삯으로 미리 달라고? 어흠."

 "예, 예! 최 부자 영감님. 이번에 제 딱한 사정을 봐주시면 품삯보다 이틀 일을 더 해 드리겠습니다. 최 부자 영감님."

 "허허, 우리 집에서 앞품을 가져간 것도 아직 일이 남았는데, 또 앞품을 달라고? 으음. 쯧쯧"

 "최 부자 어른, 한 번만 더 부탁드립니다요."

 꽃예 어머니는 사정, 사정을 해서 겨우 꽃예의 옷값

을 마련했어요. 추석날 아침 꽃예 어머니는 다홍치마에 색동저고리를 입고 좋다고 나비처럼 나풀나풀 춤을 추는 꽃예를 보며 기뻐했지요.

"아가 꽃예야! 하늘에서 내려온 선녀님 같구나. 호호."

산을 빨갛게 물들였던 단풍잎들이 차가운 바람에 날리고, 앙상한 나뭇가지에는 하얀 눈꽃이 피는 추운 겨울이 되었어요. 이른 봄부터 늦가을까지 일에 지친 꽃예 어머니는 그만 자리에 눕게 되었답니다. 그런데도 꽃예는 또 조르기 시작했어요.

"엄마! 나 분 한 갑만 사다 줘요, 엄마. 연지랑 곤지는 있는데 분이 없어."

"아가! 분은 언제 쓰려고? 함박눈이 펑펑 쏟아지는데 어디를 가려고?"

"연희랑 순옥이랑 분 바르고 연지 곤지 찍고, 김 대감 환갑잔치에 구경 가기로 했단 말이야. 다른 애들은 다 있는데, 나만 분이 없어. 히잉."

시집 갈 나이가 다 된 꽃예인데도 울며 조르는 거예요.

"아가 아가, 울지 마라, 읍내에 가서 내 사다 주마."

산골 꽃예네 집에서 읍내까지는 백리길이 넘는 먼 길이었어요. 게다가 함박눈이 사흘 동안 쉬지 않고 내려서, 산과 들은 온통 눈 속에 파묻혔어요.

"꽃예야! 집 잘 보고 있거라, 어미가 읍내까지 갔다 오려면 사흘은 걸릴 게다."

"엄마, 사흘보다 더 빨리 와야 해."

"오냐 오냐, 빨리 다녀올 테니 기다리거라."

꽃예 어머니는 아픈 것을 참으며, 무릎까지 눈 속에 푹푹 빠지면서 읍내로 나갔어요. 사흘이면 읍내까지 다녀올 줄 알았는데, 눈길이 험해서 어머니는 닷새째 되는 날 겨우 읍내에 도착했어요.

어머니는 꽃예에게 분을 사 주기 위해 꽃예 할머니한테 물려받은 은가락지를 팔았지요.

"아니, 엄마는 왜 안 오지? 엄마가 갑자기 앉은뱅이가 됐나? 오늘이 닷새짼데 아직도 소식이 없어."

어머니가 분을 사가지고 오기를 꼬박 닷새째 기다리고 있던 꽃예는 심술이 났어요. 이틀이 또 지나갔지요.

"아이 추워! 엄마는 왜 안 오는 거야!"

화롯불을 품고 앉았던 꽃예는 기다리다 못해 밖으로 나갔지요. 바람이 휘잉 불자 눈가루를 마구 뿌려대며 지나갔어요. 산과 들은 하얀 벌판이고, 그 벌판 위로 부는 바람은 눈보라가 되어 불어닥치니 눈을 뜰 수가 없었어요. 그제서 꽃예는 정신이 번쩍 들었어요. 눈보라 속을 헤치며 쓰러질 듯 쓰러질 듯 눈길을 더듬는 어머니의 모습이 눈앞에 보이는 것 같았거든요.

"어머니, 어머니이."

꽃예는 목메인 목소리로 어머니를 불러보았어요.

'내가 잘못했어. 아픈 엄마를 이렇게 험한 눈길에 분을 사 오게 하다니……'

꽃예는 눈발을 헤치면서 어머니를 찾아보았지만, 어머니의 모습은 영영 보이지 않았지요. 열흘이 지나고, 한 달, 두 달이 지나도 분을 사러 갔던 꽃예의 어머니는 산 속의 오막살이집으로 돌아오지 않았어요.

"아가 아가, 꽃예야! 분 여기 있다. 꽃예야! 분을 사 왔어."

꽃예는 밤마다 꿈속에서 어머니의 목소리를 듣고 울었답니다.

겨울이 가고 눈이 녹자 산골짜기에서 분 한 갑을 가슴에 꼬옥 껴안고 쓰러져 있는 꽃예의 어머니를 찾아냈어요.

"아이고, 불쌍해라. 꽃예 분 사러 읍내에 갔다가 눈 속에 묻혀서 얼어 죽었구먼, 쯔쯔."

마을 아주머니들이 혀를 차면서 꽃예에게 눈을 흘겼어요. 꽃예는 울면서 오막살이집 뒤뜰에 어머니를 묻었지요.

이듬해 꽃예 어머니 무덤에서 붉은 꽃이 피어났지요.

"저 꽃은 분을 사러 갔다가 눈 속에 묻혀 죽은 꽃예 어머니의 넋인가 보다."

마을 사람들은 꽃예 어머니의 무덤 위에 핀 꽃을 '분꽃'이라고 불렀어요.

분꽃은 저녁 무렵에 피었다가 아침이 되면 꽃잎을 오므리지요. 그리고 꽃자루 밑에 맺힌 씨는 처음에는 초록색이다가 익게 되면 까맣게 되지요. 까만 꽃씨 속

에는 하얀 가루가 들어 있어요. 까만 꽃씨 속의 하얀 가루는 꽃예 어머니가 꽃예에게 사다 주려던 분가루인지도 몰라요. 옛날 처녀들은 이 분꽃 씨의 가루를 얼굴에 분처럼 발랐다고도 해요. 분꽃 씨 속에 들어 있는 하얀 분가루로 화장품을 만들 수 있을 것 같지요?

씀바귀 꽃

씀바귀 꽃

봄이 되면 들판이나 논둑 밭둑에 봄풀들의 싹이 많이 올라오지요? 겨우내 얼었던 땅을 뚫고 올라오는 풀들을 보면 봄기운이 나요.

봄에 솟아나는 풀들로 옛날 할머니 할아버지들은 나물반찬을 만들어 먹었답니다.

봄이 되면 어떤 나물을 먹었는지 「나물타령」 한 번 들어 볼까요?

< 나물 타령 >

한푼 두푼 돈나물

매끈매끈 기름나물

어영꾸부렁 활나물

동동 말아 고비나물

줄까 말까 달래나물

칭칭 감아 감돌레

집어 뜯어 꽃다지

쑥쑥 뽑아 나생이

사흘 굶어 말랭이

안 주나 보게 도라지

시집살이 씀바귀

입 맞추어 쪽나물

잔칫집에 취나물

(전래 동요)

봄나물로는 냉이, 쑥, 달래, 질경이, 거기에 씀바귀도 있어요. 씀바귀나물을 먹으면 위가 튼튼해진다고 해요. 씀바귀는 잎이 기다랗고, 뿌리도 실같이 기다랗게 생겼어요. 그 잎줄기를 잘라보면 우유처럼 하얗고 끈적한 진액이 나와요. 그 하얀 끈적한 액체가 약이랍니다. 그 하얀 액체를 넘어져서 다친 곳에 바르면 약을 바른 것처럼 낫기도 하지요. 이렇게 씀바귀는 몸에 좋은 풀이어서 예전에는 나물 반찬으로 즐겨 해먹었어요. 그런데 씀바귀는 약처럼 너무 쓰기 때문에 살짝 데쳐서 물에 한참을 우려내서 쓴 맛을 없앤 다음에 나물로 무치거나 볶아 먹었답니다.

씀바귀 꽃은 민들레꽃과 비슷하게 생겼지만 민들레꽃보다는 좀 작아요. 씨도 민들레 씨와 닮았어요. 요즈음에는 사람들이 풀꽃과 들꽃에 관심을 많이 가지고 있어서 씀바귀 꽃 종류인 좀씀바귀 꽃을 꽃밭에 심기도 한답니다. 그뿐이 아니에요. 전라도의 여수에는 이름난 맛 좋은

김치가 있어요. 고들빼기김치를 먹어 본 적에 있나요? 그 고들빼기도 씀바귀하고 비슷하게 생겼어요. 꽃도 씀바귀 꽃처럼 노란색이고 너무 닮아서 구분이 잘 안될 정도에요.

내가 아주 어렸을 적 씀바귀에 대한 특별한 기억이 있어요. 우리 할아버지는 씀바귀나물을 무척 좋아하셨어요. 그래서 봄에 나들이를 갔다 오시는 길목이나 밭둑에 지천으로 깔린 씀바귀를 뜯어서 한웅큼 손에 들고는 뒷짐을 지고 집에 들어오셨지요. 할아버지가 그 씀바귀를 할머니에게 드리면 그날 저녁밥상엔 씀바귀나물이 한 접시 올라오곤 했지요. 이런 씀바귀 꽃 전설을 들어볼까요?

옛날, 옛날, 저 높은 하늘에 보이는 구름밭 위에 하늘나라가 있었어요. 이 구름밭 하늘나라에 오누이가 살고 있었지요. 오누이는 구름밭 하늘나라에서 아주 행복하게 살고 있었답니다. 특히 누이동생 분이는 하늘나라에서 으뜸일 만큼 어여뻤어요. 날씨가 화창한 때에 구름

밭으로 내려와서 길쌈을 하기도 하고, 고운 새들과 함께 노래를 하며 노는 것이 분이의 일이었지요.

그러던 어느 날이었답니다. 오빠가 활을 가지고 장난을 치다가 잘못하여서 그만 화살이 하늘나라 임금님 발에 떨어졌어요. 하늘나라 임금님은 화가 잔뜩 났어요.

"이 녀석, 조심성이 없는 놈이로구나. 그 벌로 너는 땅으로 내려가거라."

그래서 오빠는 곧 땅 위로 쫓겨 내려오게 되었지요.

그런 줄도 모르고, 어느 늦은 봄 화창한 날에 누이동생 분이는 무지개빛 고운 치마를 바람에 살랑거리며 즐겁게 놀고 있었어요. 부드러운 구름 위에서 나비가 날듯이 사뿐사뿐 마음껏 뛰어놀다가 어느덧 피곤하여졌지요. 봄날의 나른함에 못 이겨서 그만 꾸벅꾸벅 졸고 말았어요. 이때에 꿈인 듯 생시인 듯 구름 아래에서 아름다운 노랫소리가 들려오는 것 같았어요.

"비비비 비쫑, 비비쫑 비쫑."

"이 아름다운 노랫소리가 어디에서 들려오는 것일까?"

가만히 들어 보니 구름밭 아래, 땅에서 들려오는 소리였어요.

하늘나라에서는 땅을 내려다보면 안 되는 엄한 법이 있어서, 땅 나라를 엿보았다가는 큰 벌을 받게 되어 있었어요. 그러나 누이동생 분이는 아름다운 노랫소리에 호기심을 이기지 못하여 법을 어기고 구름 틈으로 가만히 땅을 굽어보았답니다.

"어머나, 작은 새가 어쩌면 저렇게 고운 노래를 할까?"

이 고운 목소리의 주인공은 점보다도 더 작게 보이는 종달새였어요. 종달새들은 구름 위에서 나비처럼 즐겁게 뛰놀며 부르는 분이의 노랫소리에 끌리어 구름 가까이로 날아온 것이었지요. 분이는 구름 가까이로 날아오른 종달새의 노랫소리에 끌리어 구름 사이로 땅을 내려다보게 되었던 거지요. 구름 아래의 세상을 내려다 본 분이의 눈에는, 종달새의 노래가 들려오는 땅 세상이 너무 아름다웠어요. 노란 꽃, 붉은 꽃, 푸른 잎이 수놓은 것 같이 서로 어울린 모습이 너무나 아름답게 보였지요.

분이는 하늘나라보다 더 아름다워 보이는 땅을 황홀하게 내려다보며 눈을 깜빡일 때에 어디서인지 뿔피리 소리와 함께 양치기의 노랫소리가 들렸어요. 깜짝 놀라 자세히 보니 붉은 저고리에 가는 채찍을 들고 양을 몰고 가는 소년의 늠름한 모습이 보이지 않겠어요? 그 소년을 보는 순간 분이는 더욱 놀라고 말았답니다.

"아, 오빠다!"

이 소년은 하늘나라에서 같이 자랐던 분이의 오빠였어요. 땅으로 쫓겨나 위로해 주는 사람도 없이 외롭게 지내는 오빠를 생각하니 구슬 같은 눈물이 두 뺨에서 흘러내렸어요. 한참 우는 동안에 눈물이 안개가 되어 앞을 가리울 때, 마침 햇빛이 비치어 일곱 가지 색깔의 영롱한 무지개가 구름과 땅 위에 고운 다리를 놓았답니다. 무지개다리였어요. 분이는 이 무지개다리를 타고 오빠가 있는 땅으로 내려오고 말았어요.

오랫동안 그리워하던 두 남매는 반갑게 손을 맞잡고 오래오래 이야기를 나누었어요. 그러다 보니 날이 어두워지고 샛별이 뜨자 하늘나라에서는 누이동생 분이를 찾았어요. 하지만 간 곳을 몰라 찾을 수가 없었지요. 그제야 하늘나라 임금님은 이미 분이가 땅에 내려간 것을 알고는 무지개다리를 끊어 버리고 꾸짖었답니다.

"분이야, 너는 하늘의 법을 어기는 죄를 범했구나. 다시는 하늘나라로 돌아오지 못할 것은 물론이려니와 땅에서도 살지 못하게 할 것이다. 그러나 내가 특별히 용서해 주노니 길가의 풀로 살라."

꾸짖는 말이 끝나자 분이는 언덕 위의 자그마한 씀바

귀가 되어 버렸답니다. 누이동생 분이는 그립던 오빠가 사는 땅 위를 떠나지 않게 된 대신에 오빠와는 한 마디 말도 할 수 없는 가련한 풀이 되고 말았어요. 그리하여 두 남매는 말도 나누지 못하는 생활이 영원히 계속되었다고 해요.

씀바귀가 된 분이는 목장 근처에 작고 예쁜 노란 꽃으로 언제든지 피어났어요. 양치는 아이들은 이 정다운 꽃이 핀 아침이면 은빛 같이 영롱한 이슬을 밟고 나가서, 피었던 꽃이 시드는 저녁에야 돌아오는 목장생활을 하였다고 해요.

그 후로 양치는 아이들은, 씀바귀 꽃이 피는 아침에

양떼를 몰고 나갔다가 꽃이 지는 저녁에 돌아온다 하여 씀바귀 꽃은 '목장의 시계'라는 별명을 얻게 되었어요. 씀바귀가 꽃잎을 죽 벌린 모양이 마치 시계처럼 보이기도 하지요. 누이동생 분이가 씀바귀가 되었고, 오빠인 양치는 아이와 오누이였기 때문에 전생에 인연이 있다고 하는 말이 전해 내려오게 되었지요.

씀바귀 꽃은 희고 가벼운 솔이 달린 씨가 늦은 봄이면 공중에 날아다니지요. 그 날아다니는 모양이 마치 누이동생 분이가, 하늘나라에서 나비처럼 날듯이 사뿐거리며 뛰어놀던 모습과 닮았다고들 해요. 뿐만 아니라 희고 가볍게 날아다니는 씨는 하늘나라에서 길쌈하여 옷감을 만들던 면화라고도 전해지고 있답니다.

*1930년 발행된 「어린이」 제8권 제4호에 실린 '씀바귀 꽃' 전설을 재화했음.

은방울꽃

은방울꽃

<방울꽃>

아무도 오지 않는 깊은 산 속에 ♪♬
쪼로롱 방울꽃이 혼자 폈어요.
산새들 몰래몰래 꺾어 갈래도 ♪♬
쪼로롱 소리 날까 그냥 둡니다.

산바람 지나가다 건드리면은
쪼로롱 방울 소리 쏟아지겠다. ♪♬

산노루 울음소리 메아리치면

쪼로롱 방울 소리 쏟아지겠다. ♪♬

(임교순 작사 / 이수인 작곡)

　재미있지요? 은방울꽃을 산새들이 몰래 꺾어 갈래도 쪼로롱 소리 날까봐 그냥 두고, 산바람도 지나가다 건드리면 방울 소리 날까 봐 그냥 간대요. 노랫말이 재미있죠? 건드리면 쪼로롱 소리 날 것 같은 은방울꽃 이야기를 들려줄게요.

강원도 깊은 산골 외딴집에 한 나무꾼이 살고 있었어요.

어느 해 봄, 나무꾼의 아내는 예쁜 딸을 낳았답니다. 그런데 웬일인지 나무꾼의 아내는 아기를 낳은 지, 한 달이 되어도 자리에서 일어나지 못했어요.

"나는 아무래도 더 살지 못할 것 같아요. 우리 아기를 잘 키워 주세요."

"아니, 무슨 소리를……. 이 깊고 깊은 산 속에서 나 혼자 어떻게 아기를 기른단 말이오. 어서 일어나오."

나무꾼은 하늘과 땅이 한꺼번에 무너져 내리는 것 같았지요.

"내가 시집 올 때 갖고 온 바느질 상자 좀……. 그 상자 속에 은방울이 들어 있어요. 우리 아기가 자라서 열두 살이 되면 그 은방울을 주세요. 그 은방울은 내가 시집오기 전 어머니한테 받은 선물인데. 우리 아기에게 그 은방울밖에 줄 게 없네요. 그리고 아기 이름도 은방울이라고 지어 주세요."

나무꾼의 아내는 마지막 유언을 남기고 세상을 떠났어요. 나무꾼은 은방울을 알뜰살뜰 잘 길렀어요.

은방울이 다섯 살이 되자 엄마를 찾기 시작했어요.
"아버지! 우리 엄마는 어디 갔어요?"
"은방울아, 엄마는 하늘나라로 갔단다."
"하늘나라가 어디예요?"
"아주 먼 곳이란다. 그래서 올 수 없는 곳이란다."
은방울은 아버지의 말을 믿지 않았어요. 어머니는 어디선가 꼭 은방울을 부르며 나타날 것만 같았거든요.
"엄마! 엄마……."
은방울이 산봉우리를 바라보면서 큰 소리로 어머니를 부르면,
"오냐 오냐, 은방울아!"
하고 메아리의 울림이 어머니가 대답하는 것처럼 들

렸거든요. 은방울은 사슴처럼 목을 길게 뽑고, 어머니를 애타게 부르면서 산속을 돌아다니면서 자랐어요.

은방울이 열두 살 되던 봄날, 나무꾼은 은방울을 불렀어요.

"은방울아, 이걸 받아라!"

은방울은 두 눈이 휘둥그레졌어요.

"아버지, 웬 방울이에요?"

"은방울아! 엄마가 세상을 떠날 때 너에게 주라던 마지막 선물이란다."

나무꾼은 은방울을 흔들어 보였지요. 은방울 소리는 아름답게 들렸어요. 은은하게 들리는 은방울 소리는 그리운 어머니의 다정한 목소리처럼 들렸지요.

'딸랑딸랑, 은방울아! 은방울아…….'

은방울은 하루에도 몇 번씩, 은방울 소리를 들으면서 어머니를 생각했어요. 그뿐 아니라 하루 종일 그 은방울을 목에 걸고 다녔답니다.

어느 날이었어요. 검은 산 그림자가 오두막집을 내려덮던 어두운 저녁, 은방울은 저녁밥을 지어 놓고 아버지를 기다리고 있었지요.

"바스락 바스락."

나뭇잎을 밟는 소리가 들려오자

"아버지 오셔요?"

하고 은방울은 방문을 활짝 열었지요. 그 때 '어흐응!' 하고 커다란 호랑이 한 마리가 방문 앞으로 성큼 달려들겠지요? 은방울은 새파랗게 질려 방문을 탁 닫고, 뒷문으로 빠져 달아났어요.

"딸랑딸랑……."

목에 건 은방울에서 소리가 났어요.

"방울아, 방울아, 은방울아! 호랑이가 따라오면, 네 목에 건 은방울을 호랑이에게 던져라! 은방울아!"

목에 건 은방울 소리는 어머니의 목소리가 되어 은방울에게 말을 해 주었어요.

"그건 안 되어요, 엄마. 이 방울은 엄마에요. 난 엄마를 호랑이에게 던져 줄 수 없어요. 은방울이 없으면, 엄마의 목소리를 들을 수 없는 걸요."

은방울은 엄마에게 말하듯 속살거리면서 달아났지요.

"어흥 어~흥! 네까짓 게 달아난다고 내가 못 잡을 줄 아느냐. 어흥!"

호랑이는 입을 딱 벌리고 은방울의 뒤를 바싹 쫓아왔어요.

"딸랑딸랑, 방울아! 빨리 은방울을 던져라!"

그러나 은방울은 머리에 꽂았던 빗을 얼른 호랑이에게 던지면서

"호랑아, 이 빗을 줄 테니 갖고 가거라!"

빗이 풀밭에 떨어지자마자, 빗살 같은 가시울타리가 생겨나서 호랑이의 앞을 가로막았지요.

"어흥, 이깟 가시울타리를 내가 못 넘어갈 줄 아느냐?"

호랑이는 가시에 찔리면서도 머리로 가시울타리에 구멍을 뚫고 은방울을 쫓아왔어요. 걸음이 빠른 호랑이는 곧 은방울의 발뒤꿈치를 물어버릴 듯이 따라왔지요. 은방울은 얼른 남색 옷고름을 뜯어서 호랑이에게 던졌어요.

"옷고름을 줄게 따라오지 말아라!"

그러자 남색 옷고름은 길고 긴 강물이 되었지요.

"어흥! 강물이라도 나는 건널 수 있다. 어~흥!"

호랑이는 푸른 강물을 헤엄쳐서 쫓아왔어요. 은방울은 지쳐서 더 이상 빨리 달아날 수가 없었어요. 강을 건넌 호랑이는 더 빨리 쫓아오고 있었지요. 급한 마음에 이번에는 은방울이 꽃신을 벗어서 호랑이에게 던졌답니다. 은방울이 던진 꽃신 한 짝이 호랑이의 코에 맞았어요.

"어흥! 요것 보아라! 버릇없는 계집애가 어른님 코를 때려, 킁킁."

호랑이가 콧방귀를 뀌면서 투덜거리자 갑자기 깊은 골짜기가 생겨나서, 은방울의 뒤를 바싹 쫓아오던 호랑이는 그만 곤두박질을 하면서 골짜기 아래로 굴러 떨어졌지요.

그러나 호랑이는 다시 골짜기 위로 기어올라왔어요. 호랑이가 골짜기를 기어올라오는 동안 은방울은 멀리멀리 달아날 수 있었지요. 그러나 호랑이는 다시 뒤를 바싹 따라오게 되었어요. 호랑이가 얼마나 빨리 달리는지요. 그래서 마치 '날아다니는 호랑이 같이 빠르다'라는 말을 하나 봐요.

"딸랑 딸랑, 빨리 은방울을 던져라! 호랑이가 은방울 소리를 듣고 쫓아오는구나. 빨리 은방울을 던져라!"

목에 걸린 은방울이 소리쳤어요.

"은방울이 없으면, 다정한 엄마 목소리를 들을 수 없어요."

은방울은 엄마가 준 마지막 선물을 호랑이에게 주고 싶지 않았어요. 엄마한테 물려받은 귀한 선물을 호랑이한테 줄 수는 없었지요.

"어흥!"

결국 호랑이는 앞발로 은방울의 등을 긁었습니다.

"으악!"

은방울은 비명을 지르면서 쓰러졌지요. 그 순간 '딸랑딸랑!' 은방울의 목에 걸린 방울이 소리를 내자,

"우르르 꽝 쾅!"

산봉우리 위에서 바위 덩어리가 굴러 와서 호랑이 등 위로 떨어졌어요.

"어흐응!"

호랑이도 비명을 지르면서 죽어 버렸답니다. 한편, 은방울이 쓰러져 죽은 자리에서는 이듬해 예쁜 꽃이 피어났어요. 마치 은방울이 가지고 있던 방울이 줄기에 조롱조롱 매달려 있는 듯 피었어요. 이렇게 은방울꽃은 깊은 산 속에 은방울처럼 남몰래 피어서 바람이 불 때마다 딸랑딸랑 소리를 내듯이 흔들리고 있대요.

할미꽃

할미꽃

할미꽃을 떠올리면 공연히 할머니가 보고 싶어서 눈물이 날 것 같아요. 예전엔 나즈막한 야산에 오르면 지천으로 핀 꽃이 할미꽃이었어요. 요즈음은 옛날처럼 할미꽃을 흔하게 볼 수가 없어요. 꽃의 모양이나 생김새가 다른 꽃과는 달리, 흰 잔털이 꽃 전체에 덮여 있고 꽃대가 구부러져 있어서 지팡이를 짚고 길을 걸어가는 머리 하얀 할머니를 연상하게 되는 꽃이지요. 이 할미꽃은 어떻게 해서 그 이름이 할미꽃이 되었을까요?

할머니가 어렸을 적 부르던 할미꽃 노래, 한 번 불러 봐요. 이런 할미꽃 노래를 들어 본 적이 있나요?

<할미꽃>

뒷동산에 할미꽃, 꼬부라진 할미꽃 ♬♪
싹 날 때에 늙었나, 호호백발 할미꽃

천만 가지 꽃 중에 무슨 꽃이 못 되어 ♬♪
허리 굽고 등 굽은 할미꽃이 되었나

젊어서도 할미꽃 늙어서도 할미꽃
하하하하 우습다, 꼬부라진 할미꽃 ♬♪

(박팔양 작사 / 윤극영 작곡)

옛날 어느 마을에 손녀 셋과 함께 사는 할머니가 있었지요. 손녀딸의 이름은 해순이, 달순이, 별순이. 엄마 아빠가 일찍 세상을 떠났기 때문에 할머니는 손녀딸들이 몹시 불쌍했어요. 그래서 할머니는 추우면 감기 들까 걱정하고, 더우면 더위 먹을까 걱정하면서, 온 정성을 다해서 해순이 달순이 별순이를 키웠답니다.

드디어 세 손녀딸들이 곱게 잘 자라서 시집갈 나이가 되었어요. 큰 손녀딸인 해순이는 어느 부잣집으로 시집을 갔고요, 둘째 손녀 달순이는 어느 어촌의 큰 생선가게를 하는 총각에게 시집을 갔지요. 둘은 부잣집에 시집가서 잘 살고 있겠구나 하고 할머니는 한시름을 놓았지만, 막내 손녀 별순이가 아직 시집을 가지 않아서 걱정이었어요. 그러나 별순이는 할머니가 걱정이 되어 시집을 가지 않겠다고 했어요.

"할머니, 나는 시집을 안 가고 할머니랑 오래오래 살고 싶어요."

"아니다, 애야. 여자들은 시집갈 때가 되면 시집가서 애도 낳고 하는 거란다. 내 걱정일랑 아예 하지도 말아라."

하면서 할머니는 손사래를 쳤어요. 드디어 한두 해가 지나 별순이도 산언덕을 몇 고개나 넘는, 먼 곳 마을의 가난한 선비 총각에게 시집을 가게 되었지요.

막내 손녀까지 시집을 보내고 어언 3년이 흐른 어느 해 겨울, 설날이었어요. 할머니는 외롭게 혼자 살고 있어서, 손녀딸들이 무척 보고 싶었지요. 혹시나 손녀딸들이 오지나 않을까 기다리면서 살던 할머니는, 보고 싶은 마음에 세 손녀딸들에게 한 번 다녀오기로 마음을 먹었답니다.

"우리 착한 손녀딸들이 오죽 바쁘면 이 할미에게도 와보지 못할까."

추운 겨울에 손녀딸들이 보고 싶어 집을 나섰지요.

먼저 부잣집으로 시집을 간 해순이를 찾아갔어요. 해순이네 집에 당도했을 때는 벌써 해가 뉘엿뉘엿 지는 저녁이었지요. 해순이네 집은 솟을대문의 아주 커다란 기와집이었어요. 할머니는 해순이가 이렇게 부잣집으로 시집을 간 것이 자랑스럽고 매우 만족스러웠어요.

"해순아, 해순아! 할미가 왔다, 해순아."

그러자 해순이가 낮잠을 자다 깬 얼굴로 대문을 열고 나왔어요.

"아니, 할머니 웬일이세요? 이렇게 다 저녁에?"

"우리 해순이 잘 있었니? 할미가 네가 보고 싶어서 왔구나."

"이런 남루한 옷차림으로 오시면 어떻게 해요? 남들이 보기 전에 얼른 들어오셔요."

집안으로 들어온 해순이는 쌀밥에 고기반찬으로 할머니에게 밥상을 차려드렸지요. 할머니는 우리 해순이가 이렇게 잘 먹고 잘살고 있으니 얼마나 좋은가 하고 행복해 하였지요. 그런데 그날 밤, 할머니가 갑자기 너무 잘 먹어서인지 뱃속이 편치 않아 뒷간에 가려고 방을 나왔어요. 그때 해순이와 해순이 남편이 두런두런 이야기하는 소리를 듣게 되었지 뭐예요.

"할머니가 쌀밥에 고기반찬을 해드리니 너무 잘 드시는데, 우리 집에 아주 눌러 살면 어쩌지요?"

"그러게 맛있는 음식 말고 맛없는 음식을 드릴 걸 그랬소!"

할머니가 그 소리를 듣고 너무 서운한 생각이 들었지요.

'걱정 말아라, 내일 새벽에 이 집을 떠날 테니……'

날이 훤해지자, 할머니는 해순이에게 간다온다 말도 없이 집을 나와 달순이네 집을 찾아 떠났지요. 한겨울 날씨는 몹시 추웠고, 할머니의 옷차림은 누추해졌어요. 할머니는 추위에 떨며 손을 호호 불며 달순이가 살고 있는 어촌에 당도하게 되었어요. 달순이네 큰 생선가게 도착해 보니 막 가게 문을 여느라고 일꾼들이 부산

하게 움직이고 있었지요.

"여보시오, 우리 달순이를 좀 불러 주시오."

"아니, 바빠 죽겠는데 아침부터 웬 늙은이가 얼쩡거리고 그래요? 비켜요!"

일꾼들이 할머니를 밀치면서 귀찮다는 듯이 투덜거렸지요. 그때에 달순이가 험악한 표정으로 집안에서 나오면서 일꾼들을 나무랐어요.

"아니, 무엇들 하는 거예요? 빨리빨리 일은 안 하고?"

"예, 마님, 웬 늙은이가 달순인가 뭔가 하는 사람을 불러달랍니다. 원, 참."

달순이는 할머니를 보자마자 몹시 화가 났어요.

"아니, 할머니! 이게 무슨 꼴이에요? 거지차림을 해가지고? 남이 볼까 두려우니 빨리 안으로 들어왔다가, 날이 어두워지면 다른 사람이 보기 전에 얼른 돌아가세요."

달순이의 이런 말을 듣자 할머니는 몹시 서러웠어요.

'달순이는 내가 거지 같다고 창피해 하는구나.'

이런 생각을 하니 달순이의 집으로 들어갈 마음이 사라졌지요. 그래서 할머니는 오던 길로 돌아서 나와 별순이를 찾아가기로 마음먹었어요. 별순이네 집은 거기에서 한참 멀었어요. 한겨울 추운 날씨에 산을 몇 고개나 넘어서 걷고 또 걸었어요. 아침부터 아무것도 먹지 못한 할머니는 기운이 빠져 몹시 힘이 들었지요. 날은 저물어 어두워졌고, 아직도 넘어야 할 고개가 하나 남아 있는데, 기어코 눈이 내리기 시작하지 뭐예요.

할머니는 깜깜한 밤, 눈을 맞으며 미끄러지고 넘어지면서 산 위로 올랐어요. 산 아래 골짜기 마을의 별순이네 집의 희미한 불빛이 보였어요.

"별순아, 별순아, 할미가 왔다~"

할머니는 손짓을 하며 기진맥진, 그곳에 쓰러지고 말았지요. 함박눈이 내리고 눈보라가 치는 밤이었어요.

한편 늦도록 바느질을 하던 별순이는 한밤중에 할머니가 부르는 소리를 들은 것 같아서, 문을 열고 밖을 내다보니 깜깜한 밤에 함박눈이 펄펄 내리고 있겠지요? 잠자리에 누어서도 할머니 생각에 잠을 이룰 수가 없었어요. 걱정이 된 별순이는 선비신랑을 깨워서 초롱불을 들고 할머니를 찾아 나섰답니다.

"할머니~ 할머니~."

별순이는 산 고개 위에 쓰러져 눈이 수북이 덮여 있는 할머니를 발견하였지요. 다음 날 아침, 선비신랑은 할머니를 양지바른 곳에 고이 묻어 드렸어요. 이듬해 봄이 되자 할머니의 무덤가에 허리가 굽고 보얀 털을 가진 꽃이 피어났지요. 등이 굽고 호호백발 할머니를 닮았다고 사람들은 이 꽃을 할미꽃이라고 부르게 되었답니다.

해바라기 꽃

해바라기 꽃

　해바라기꽃이 어떤 꽃인지 알고 있지요?

　해바라기는 국화과에 속하는 1년생 식물이에요. 보통 국화는 가을에 피는데 해바라기는 여름에 많이 피고 있어요. 뜨거운 여름 햇볕에서 피는 얼굴이 큰 꽃이랍니다. 꽃잎이 떨어지고 나면 검은 씨가 둥근 벌집 모양으로 모여 있어요. 해바라기는 중앙아메리카가 원산지이지만 번식력이 강해서 어디에서든지 잘 자라지요.

　또 해바라기 씨는 성인병 예방에 좋고, 기름을 짜서 식용유로 쓰이고 있어요. 해바라기 씨는 여러 가지 품종의 좋은 기름이나, 우리들이 살아가는데 아주 좋은 식품으로 개발되기 때문에 세계적으로 많이 재배하기도 해요. 유럽 등 외국을 여행하다 보면 너른 들판에 펼쳐져 있는 해바라기 밭을 쉽게 볼 수가 있어요.

　해바라기 꽃이 왜 해바라기라는 이름을 가지게 되었을까요? 해를 따라 고개를 돌린다고 해서 해바라기라는 이름을 얻었다는데 정말 꽃이 해를 따라 돌고 있을까요? 해바라기꽃을 시계꽃이라고도 한답니다. 시계바늘이 시간을 가리키며 도는 것처럼 해님을 따라 고개를 돌린다고 생각했기 때문이지요. 해바라기꽃이 해바라기라는 이름을 가진 이유는 무엇일까요? 해바라기꽃 전설을 들어보세요.

　어느 높은 산꼭대기 마을에 욕심이 아주 많은 형제가 살고 있었다고 해요. 이 형제는 세상에서 가장 유명해 지고 싶었어요. 그리고 세상에서 제일 귀한 것은 자기 혼자만 가지고 싶었답니다.

"어떻게 해야 모든 사람들이 나를 알아 볼 수 있을까?"

"세상에서 제일 귀한 것은 어떻게 하면 갖게 될까?"

두 형제는 늘 이런 생각만 했지요. 그러던 어느 날, 마당에 앉아 있던 형이 무릎을 탁 쳤어요. 하늘에 높이 떠 있는 해님을 가지면 되겠다는 생각을 한 거지요.

"옳지! 내가 해님을 가지면 돼. 왜 여태 이런 생각을 못 했지?"

이때, 방안에 누워 있던 동생도 똑같은 생각을 했지 뭐예요. 하지만 해님을 가지려고 한다는 생각을 서로 말하지 않았어요. 왜냐하면 형은 동생이 해님을 먼저 차지할까 봐 걱정이 되었고, 또 동생은 동생대로 형이 먼저 해님을 가질까 봐 걱정이 되었거든요.

'내가 이런 훌륭한 생각을 먼저 하다니……. 아무에게도 아니 형에게는 절대로 말하지 말아야지!'

형은 형대로 자가가 생각해 낸 이 좋은 생각을 동생에게는 절대로 말을 하지 않겠다고 굳게 마음을 먹었지요.

어느 날, 동생은 아무도 모르게 숲으로 갔어요. 숲에 있는 나무로 긴 사다리를 만들 계획을 세웠거든요. 사다리를 무엇에 쓰려고 했을까요? 그건 바로 긴 사다리를 만들어서 해님에게 올라가려고 한 것이지요.

"우후후, 형은 내가 사다리를 만들고 있는 줄은 꿈에도 모를 거야."

동생은 자기의 생각이 너무나 훌륭하다고 좋아하면서 혼자서 키득키득 웃으며 열심히 사다리를 만들고 있었지요. 형이 다가오는 것도 모르고 말이에요. 형은 동생이 숲속으로 혼자서 왜 왔을까 몹시 궁금해서 몰래 뒤따라왔다가, 사다리를 만드는 걸 보게 되었어요. 그리곤 동생이 해를 먼저 가지려고 한다는 걸 알고는 너무나도 화가 났지요.

"해님은 내 거야! 너는 해님을 가질 수 없어!"

형은 냅다 소리를 지르며 동생에게 급히 다가가서는, 큼직한 바위를 동생에게 굴려 버렸지요. 그 바람에 동생은 그만 바위 밑에 깔려 버렸지 뭐예요.

"형, 살려 줘! 숨을 못 쉬겠어!"

동생은 형에게 애원했지만 형은 들은 체도 하지 않았어요. 동생이 만들던 사다리를 좀더 손을 보면 해님까지 닿게 되는 아주 긴 사다리가 될 거라는 생각에 정신이 팔려 있었던 거지요. 형은 사다리를 다 만들자, 해님에게 긴 사다리를 걸쳐 놓았지요. 그리고는 한 발씩 한 발씩 하늘위로 올라갔답니다. 이걸 본 해님은

"너 같이 못된 놈을 여기까지 올라오게 내가 내버려 둘 줄 알았느냐?"

하고 호통을 치면서 사다리를 힘껏 밀어 버렸지 뭐예요. 그래서 그만 형은 높디높은 하늘에서 저 산 아래로 곤두박질쳐 떨어져 죽었다고 해요.

얼마 뒤, 형이 떨어져 죽은 자리에서 이상한 풀이 돋

아나더니 마치 하늘에 닿을 듯 쑥쑥 자라났어요. 그러더니 크고 넓적한 잎이 돋고, 키가 아주 커다란 줄기 끝에는 해님을 닮은 꽃이 피었답니다. 하늘을 향한 넓적한 잎의 모양을 하고 마치 해님에게 손을 벌리고 서 있는 것처럼 보였어요. 그뿐 아니라, 꽃은 해가 움직이는 방향으로 해님의 얼굴을 따라 움직이는 거예요. 이걸 본 사람들은 수군거렸지요.

"참, 이상도 하다. 이 꽃은 왜 해님만 바라보고 서 있을까? 이 꽃 이름이 뭔지 아나요?"

"아니요, 모르겠습니다. 처음 보는 꽃인데요."

"그렇다면 이 꽃에 해바라기꽃이라는 이름을 붙여 줍시다.

해님만 바라보고 있으니 해바라기라고 부르면 되겠습니다. 그려."

그 후부터 사람들은 이 꽃을 해바라기라고 불렀지요. 해바라기는 그 이름처럼 하루 종일 해님을 따라 얼굴을 돌리면서 해바라기를 하고 서 있어요. 그러나 죽어서까지도 해님을 가지고 싶은 형의 마음처럼 해를 따라 고개를 돌리고 있는 해바라기가, 해를 차지하려던 형이 죽어서 꽃이 된 줄은 아무도 모른답니다.

욕심을 부리다가 벌을 받은 형제들을 보니 불쌍하지요? '지나치게 욕심을 부리면 안 되겠구나' 하고 느꼈지요? 언니 동생이나 친구들과 재미있게, 사이좋게 노는 것이 제일 착한 어린이에요.

노래 하나 가르쳐 줄 테니 함께 불러 봐요.

<꼭꼭 약속해!>

너하고 나는 친구 되어서
 사이좋게 지내자
새끼손가락 고리 걸고
꼭꼭 약속해! 🎵♪

싸움하며는 친구 아니야
사랑하고 지내자
새끼손가락 고리 걸고
꼭꼭 약속해! ♪🎵

맛있는 것은 나눠 먹으며
서로 돕고 지내자
새끼손가락 고리 걸고
꼭꼭 약속해! 🎵♪

(작사 / 작곡 미상)

이야기초롱_여덟(특별판)
할머니가 들려주는 꽃전설

초판 1쇄 발행 2024년 8월 20일
초판 2쇄 발행 2025년 4월 21일

편해 서울독서교육연구회
재화 송영숙
그림 권영미

펴낸이 이정아
펴낸곳 꿈틀

출판등록 제2022-000141호
주소 서울 강동구 올림픽로78길30 슈가맨워크 32호(힐데스하임 천호)
전화 070) 7718-3381
이메일 coky0221@daum.net

ISBN 978-89-93709-37-7   73810

※책값은 뒤표지에 있습니다.
※잘못 만들어진 책은 구입하신 서점에서 교환해드립니다.

· 제조자명 : 꿈틀	· 제조연월 : 2025. 4. 21.	
· 주소 : 서울 강동구 올림픽로78길30 슈가맨워크 32호(힐데스하임 천호)	· 제조국명 : 대한민국	
· 전화번호 : 070-7718-3381	· 사용연령 : 3세 이상 어린이 제품